W0034177

Unserer lieben Emilia
zum 10. Geburtstag
6.12.2004   Oma+Opa

Inhalt

Das Erechtheion

In zeitloser Schönheit blicken sie
seit 2400 Jahren auf Athen herab:
Die Koren sind Teil des Erechtheion
an der Nordseite der Akropolis,
ein beeindruckendes Zeugnis
antiker Baukunst.

John Guy

Die Griechen

Wer waren die alten Griechen?

Das antike Griechenland gilt als die Wiege der europäischen Zivilisation. Anders als Rom war Griechenland kein zentral regiertes Reich. Die frühen griechischen Kulturen standen unter dem Einfluss der Ägypter und Sumerer sowie der minoischen Kultur der Insel Kreta (um 2600 bis 1400 v. Chr.). In früher Zeit dominierte auf dem griechischen Festland die Kultur Mykenes (um 1600 bis 1100 v. Chr.). Danach folgte eine Periode, über die wir wenig wissen, bis es im 8. Jahrhundert v. Chr. zur Bildung unabhängiger Stadtstaaten kam, die sich kulturell gegenseitig beeinflussten. Sie führten häufig gegeneinander Krieg, eroberten sich abwechselnd und gründeten sich wieder neu. Diese Städte sind als Ruinen bis heute erhalten geblieben. Sie wurden nicht nur durch Kriege verwüstet, sondern auch von späteren Generationen abgetragen, die aus den alten Steinen neue Häuser erbauten. Doch es blieb von ihnen noch genügend übrig, um den Historikern und Archäologen Anhaltspunkte für das Studium der griechischen Kultur der verschiedenen Epochen zu liefern.

Seltene Einheit
Obwohl die griechischen Stadtstaaten meist allein kämpften, verbündeten sie sich bei seltenen Gelegenheiten, wie beim Krieg gegen Troja (um 1184 v. Chr.) unter der Führung Agamemnons, des Königs von Mykene, wo sie den Feind mithilfe des berühmten Trojanischen Pferdes besiegten.

Die Städte
Griechische Städte waren einander sehr ähnlich. Aus strategischen Gründen erbaute man sie auf Hügelkuppen. Den Mittelpunkt bildeten die für das Gemeinschaftsleben wichtigen religiösen und öffentlichen Gebäude.

Der Tempel
Der Haupttempel beherrschte die Akropolis und sollte nicht nur die Menschen, sondern auch die Götter beeindrucken.

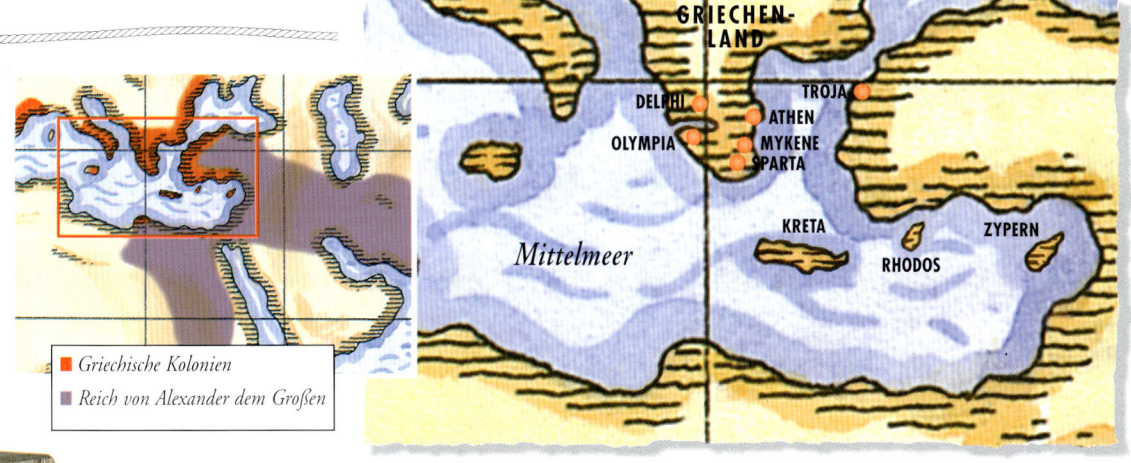

GRIECHEN-
LAND

DELPHI
TROJA
ATHEN
OLYMPIA
MYKENE
SPARTA

KRETA
ZYPERN
RHODOS

Mittelmeer

■ Griechische Kolonien
■ Reich von Alexander dem Großen

Geistiges Zentrum

Der Omphalos-Stein (links)
sollte das Zentrum des
Universums darstellen.
Der Legende nach wollte
Zeus die Welt ausmessen
und ließ deshalb von ihren
entgegengesetzten Enden
aus zwei Adler fliegen.
Weil sie sich über Delphi
trafen, erklärte Zeus den
Ort zum Mittelpunkt der
Erde. Delphi war eine
bedeutende Kultstätte.

Die ersten Europäer

Die älteste bekannte
Zivilisation Europas
erblühte auf Kreta im
östlichen Mittelmeer.
Benannt war die Minoi-
sche Kultur nach König
Minos, dem legendären
Beherrscher der Ägäis.
Ausgrabungen brachten
zutage, dass der Palast
von Knossos auch nach heutigen Maßstäben prachtvoll
und komfortabel war. Nicht nur die Säulen und Wand-
malereien sind beeindruckend, sondern auch das durch-
dachte Wasserversorgungs- und Abflusssystem.

Das Amphitheater

In jeder größeren Stadt gab es ein
Freilufttheater mit aufsteigenden
Rängen.

Die Akropolis

Auf dem höchs-
ten Punkt der
Stadt wurden
innerhalb einer
Umfriedung oder
Stadtmauer Tempel
und Regierungsgebäude
errichtet.

Die Agora

Den Mittelpunkt der Akropolis
bildete die Agora, ein großer
Platz, auf dem sich die
Bürger trafen.

Der Koloss von Rhodos

Auf der Insel Rhodos wurde
um 408 v. Chr. die rasch
aufblühende, reiche Stadt
Rhodos gegründet. Nach-
dem ihre Bewohner der
Belagerung durch Deme-
trios (305–304 v. Chr.)
widerstanden hatten,
erbauten sie zur Feier
ihres Sieges über der
Hafeneinfahrt den
Koloss, eine gigantische,
31 m hohe Statue des
Sonnengottes Helios. Die
Statue war eines der »Sieben
Weltwunder«, fiel aber im
Jahre 227 n. Chr. einem
Erdbeben zum Opfer.

Handwerkskunst

Die Bauern verkauften in den Städten Lebensmittel auf dem Markt, sodass nicht alle Städter ihre Nahrung selbst beschaffen mussten. Das Handwerk entwickelte sich. Wir bewundern heute noch die Arbeiten der Töpfer: die Teller, Trinkbecher, Schüsseln und Vasen, deren Bemalung uns von Menschen und Göttern, von Krieg und Alltag erzählt. Die Töpferwaren wurden für den Verkauf an die Stadtbewohner und für den Export hergestellt.

Antike Eleganz

Auf diesem Relief aus einem Tempel sieht man die Gewänder wohlhabender Griechen. Während sich die Armen mit selbst hergestellten Leinen- oder Wollstoffen begnügen mussten, erwarben die Reichen aus dem Orient importierte Baumwolle und Seide. Wer es sich leisten konnte, kaufte fertige Stücke oder ließ sie von einem Schneider nähen. Beide Geschlechter trugen den Chiton. Er bestand aus zwei Rechtecken, die an den Seiten zusammengenäht waren. Frauen trugen ihre Gewänder knöchellang, Männer bis zum Knie.

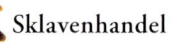

Sklavenhandel

Die Sklavenhaltung war ein Grundpfeiler vieler antiker Zivilisationen, auch der griechischen. Sie symbolisierte die Herrschaft der Griechen über eroberte Gebiete. Kriegsgefangene wurden an wohlhabende Bauern und Geschäftsleute verkauft. Auf diese Weise kam Geld in die Kriegskasse und die zivile Bevölkerung konnte über billige Arbeitskräfte verfügen.

Das Leben der Reichen

Wohlhabende Familien lebten in großen Häusern in den Zentren der Städte, wo sie alle Annehmlichkeiten genießen konnten, die die Städte boten. Sehr reiche Leute besaßen außerdem noch Landhäuser. Anders als die öffentlichen Gebäude und die Tempel waren die Häuser nicht besonders aufwändig ausgestattet; die Reichen hatten bloß mehr Zimmer zur Verfügung als die Armen. Da die meisten wohlhabenden Männer in der Regierung oder im Handel tätig waren, hatten sie im Zentrum der Stadt zu tun. Für ihre Frauen war das Haus im Grunde ein Gefängnis: Alle Gänge außer Haus wurden von Sklaven erledigt und die Frauen gingen nur in Begleitung ihrer Männer aus.

Einfach und schlicht

Alle Häuser waren aus getrockneten Lehmziegeln oder aus Stein gebaut. Die Wände waren weiß gestrichen, damit sie die Sonnenstrahlen reflektierten. Die Häuser hatten Ziegeldächer, Steinfußböden und kleine, offene Höfe. Es gab nur wenige Fenster, damit die Räume schattig und kühl blieben. Ähnlich wie auf dieser Vasenmalerei (oben) waren die Zimmer einfach, aber bequem eingerichtet. Zu den Bettgestellen gehörten Matratzen, Kissen und Decken. Weitere Möbel waren Tische und Stühle.

Totenmaske

Diese Goldschmiedearbeit wurde lange Zeit für die Totenmaske Agamemnons gehalten, des Königs von Mykene, der im 12. Jh. v.Chr. starb. Wahrscheinlich ist sie aber mindestens 500 Jahre älter. Masken wie diese wurden toten Herrschern beigegeben und zeigen anschaulich, wie vermögend Mykene in dieser Zeit war.

Erhebe dein Glas

Erst im Römischen Reich wurde die Kunst des Glasblasens so weit entwickelt, dass Gebrauchsgegenstände in größeren Mengen hergestellt wurden. Davor waren sie sehr kostspielig und nur für die Reichen erschwinglich. Alle anderen tranken aus Tontassen und -bechern.

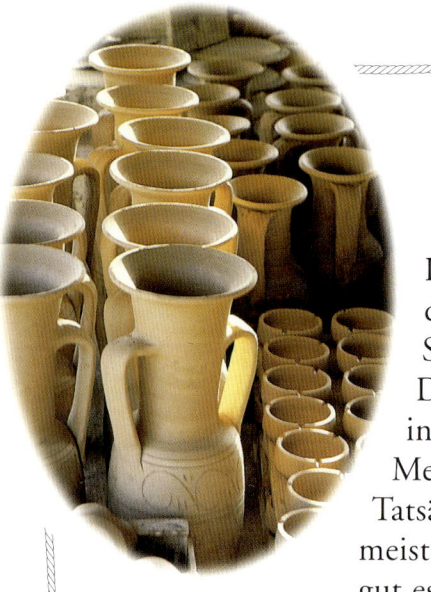

Das Leben der Armen

Die Ruinen antiker griechischer Städte sind sehr eindrucksvoll und viele archäologische Fundstücke wie Schmuck und Geschirr wirken erlesen und kostbar. Dadurch entsteht bei uns der irrtümliche Eindruck, in dieser Kultur seien alle Menschen reich gewesen. Tatsächlich aber waren die meisten arm und lebten, so gut es ging, von der Landwirtschaft. Wegen des mageren Bodens und des trockenen Klimas waren die Ernten nie groß und oft zwangen Missernten und damit einhergehende Hungersnöte die Bauern, anderswo neues

Land urbar zu machen. Zum Abschluss der Ernte wurde gefeiert und den Göttern für die Gaben der Natur gedankt. Menschen aller Schichten nutzten ihre Freizeit gerne dazu, das Theater zu besuchen.

Töpferware

Das Geschirr der einfacheren Leute war schlichter, weniger reich verziert und funktionaler als das der Reichen, denn sie konnten es sich nicht leisten, Geld für unnötigen Luxus zu verschwenden. Teller, Töpfe und Trinkgefäße waren aus unglasiertem Ton, der nicht gebrannt, sondern zum Trocknen in die Sonne gestellt wurde.

Arbeitstiere

Esel und Maultier waren die gebräuchlichsten Arbeitstiere. Beide sind trittsicher; das ist in felsigen und gebirgigen Gegenden besonders wichtig. Meist ritten die Bauern auf ihren Eseln zu den Feldern. Außerdem luden sie ihren vierbeinigen Helfern die Waren auf, die sie in den Städten verkaufen wollten, so, wie es auch heute noch in den ärmeren Regionen des Mittelmeergebiets üblich ist. Dort, wo sich die Bauern keinen Ochsen leisten konnten, mussten Esel oder Maultier auch den Pflug ziehen.

Anbau und Vertrieb

Es gab keine Genossenschaften: Jeder Bauer erzeugte, was er zum Leben brauchte, und hatte dafür seine eigenen Geräte und seine Arbeitstiere. Ärmere schafften sich die Ochsen vielleicht gemeinschaftlich an. Als die Bevölkerung anwuchs, entstand die Notwendigkeit, neue Landstriche zu bevölkern. Kolonialstädte wurden um das Mittelmeer gegründet; von hier führten die Händler zusätzliche Lebensmittel ein und tauschten Luxusgüter gegen Getreide.

Kleine Häuser

Die Häuser der weniger Begüterten waren aus getrockneten Lehmziegeln erbaut, mit Lehm verputzt und zur Abwehr der sommerlichen Hitze weiß gestrichen. Es gab nur wenige, unverglaste Fensteröffnungen. Die Dächer waren mit Ziegeln oder mit Stroh gedeckt. Stil und Bauweise waren nicht sehr viel anders als im heutigen Griechenland. Im Erdgeschoss war der Wohnraum der Familie, in dem auch gegessen wurde. Die Räume des ersten Stocks waren wegen der Dachschräge sehr klein und wurden zum Schlafen genutzt. Außer einem Tisch, Stühlen und Betten gab es keine Möbel.

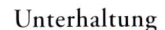

Eigenbedarf

Der Großteil der Bevölkerung lebte in kleinen Dörfern, die weit über das Land verstreut waren. Die Bauern bauten gerade genug an, dass die eigene Familie davon leben konnte. Da die meisten Siedlungen in Meeresnähe lagen, bereicherten Fische und Meeresfrüchte den Speiseplan. Überschüsse wurden auf den Markt gebracht; von den Einnahmen kaufte man sich, was man nicht selbst herstellte, z. B. Schuhe. Die meisten Familien hielten sich, auch in der Stadt, ein paar Ziegen und Hühner, um mit Milch, Käse und Eiern versorgt zu sein.

Unterhaltung

Die liebste Freizeitbeschäftigung der Griechen waren Theaterbesuche. Der Eintritt war frei oder kostete sehr wenig, denn die Vorstellungen wurden von reichen Männern finanziert, die sich bei der Bevölkerung beliebt machen wollten. Deshalb konnten es sich auch die Armen leisten, Theaterstücke oder andere Veranstaltungen anzusehen. Frauen waren als Zuschauerinnen nicht besonders erwünscht und durften auf gar keinen Fall als Darstellerinnen auftreten. Für Jungen stellte eine Karriere als Schauspieler eine der seltenen Möglichkeiten dar, der Armut zu entkommen.

Geschenk des Meeres

Das Mittelmeer ist reich an Fischen und Meeresfrüchten.
Die beliebteste Zubereitungsart für Tintenfische kennen wir heute noch:
Sie wurden in Ringe geschnitten und gekocht oder gebraten. In griechischen
Gewässern fängt man außerdem Thunfisch, Meeräschen und Makrelen.

ARBRES FRUITIERS.

Récolte des olives.

VÉRITABLE EXTRAIT DE VIANDE LIEBIG.

Olivenhaine

Die Göttin Athene soll den Olivenbaum eingeführt haben. Die Oliven
wurden entweder eingelegt oder zu Öl gepresst, das man in der
Küche, für die Körperpflege und für Öllampen verwendete. Auch
heute noch stellen Olivenbäume für die Bauern eine wichtige
Einnahmequelle dar.

Weinanbau

Wein war für alle Griechen das gebräuchlichste Getränk. Meist wurde er mit
Wasser verdünnt, weil er in großen
Mengen konsumiert wurde. Weil er
dick und nicht gut gekeltert war, wurde er vor
dem Trinken meist
gefiltert. Der Wein
wurde mancherorts
mit Harz haltbarer
gemacht und war
dadurch meist sauberer als das Trinkwasser.

Hausmannskost

Diese Terrakottafigur aus Kreta
(6. Jh. v. Chr.) ist die Darstellung einer
Frau, die mit einem Löffel im Topf
herumrührt. Vielleicht kocht sie
einen Getreidebrei oder einen
Gemüseeintopf, den man gerne
zu Brot aß. Salate waren bereits
im antiken Griechenland beliebt;
man machte sie mit Knoblauch und
Olivenöl an. Wegen des Rauchs und
der Feuergefahr wurde meist im Freien
gekocht. Fleisch wurde auf Holzkohleöfen
gegrillt und das Brot buk man in Tonöfen.

Essen und Trinken

Wie fast überall auf der Welt aßen auch bei den Griechen die Wohlhabenden gut, reichlich und abwechslungsreich, während sich die Armen mit einem wesentlich kleineren Nahrungsangebot begnügen mussten. Den Griechen der Antike war die Bedeutung der Ernährung für die Gesundheit bekannt. Sie nahmen Proteine, Ballaststoffe, Gemüse und Milchprodukte in ausgewogenem Verhältnis zu sich. Außer bei religiösen Festen aßen die unteren Bevölkerungsschichten kaum Fleisch, während die Wohlhabenden Fleisch von verschiedenen Tieren und auch Wildbret zur Verfügung hatten. Das Mittelmeer war reich an Fisch und Meeresfrüchten und jedermann konnte sich bedienen. Die wichtigsten Getränke waren Wasser und Wein. Zum Süßen verwendete man Honig oder den Saft süßer Früchte, z. B. Feigen. Kräuter und Gewürze aus dem Orient verfeinerten Gemüse und Salate oder überdeckten den ranzigen Geschmack von nicht mehr frischem Fleisch.

Nahrung aus dem Meer
Fisch und Meeresfrüchte sind wichtige Eiweißlieferanten – eine preiswerte Alternative zu Fleisch, das die Armen sich nur selten leisten konnten.

Tägliches Brot
Brot aus Weizen- oder Gerstenmehl war ein Grundnahrungsmittel. Das »antike« Brot war grob und schwer; es wurde in flachen, runden Laiben gebacken. Zum Frühstück wurde es in Olivenöl oder Wein getunkt und mit Früchten gegessen. Verzierte Brote wie dieses stellte man für Festbankette her.

Musik und Tanz

Musik und Tanz waren bei Griechen aller Schichten beliebt und sowohl weltliche als auch religiöse Aufführungen wurden gerne besucht. Die Musiker spielten bei Theateraufführungen oder bei privaten Banketten. Zu den gebräuchlichsten Instrumenten gehörten Flöten, Panflöten, Harfen und Leiern.

Theaterbesuche

Auf den Bühnen der Amphitheater wurden die Geschichten von Göttern und Helden aufgeführt. Die Stücke waren meist Komödien oder Tragödien und die Schauspieler trugen Masken, die den von ihnen verkörperten Charakter darstellten. Einfache Szenenwechsel trugen zur Schaffung der Illusion bei. Alle Schauspieler waren Männer, die Frauenrollen wurden von Knaben gespielt.

Helden der Legenden

In den Familien wurden häufig Geschichten erzählt. Die Kinder wuchsen mit den Abenteuern der Helden der Vergangenheit und mit den Taten und Geschicken der Götter auf. Einer dieser »Klassiker« ist die Geschichte vom Minotaurus, einem Wesen, das halb Mann, halb Stier war und von König Minos im Labyrinth von Knossos auf Kreta gefangen gehalten wurde.

Diskuswerfen

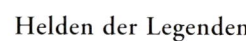

Zahlreiche Statuen von Diskuswerfern sind erhalten geblieben; vielleicht liegt es daran, dass dieser Sport sehr beliebt war. Ursprünglich war das Diskuswerfen eine Kriegskunst; Soldaten übten mit der Scheibe, Waffen treffsicher und kraftvoll zu werfen. Der antike Diskus war aus Stein oder Bronze und größer und schwerer als der moderne.

Die Olympischen Spiele

Das wichtigste sportliche Ereignis der griechischen Antike waren die Olympischen Spiele, die zum ersten Mal im Jahre 776 v. Chr. abgehalten wurden. Danach fanden sie alle vier Jahre in Olympia statt. Ursprünglich als Ehrung der Götter gedacht, wurden sie bald zu einer Bühne, auf der die verfeindeten Stadtstaaten auf friedliche Art miteinander wetteiferten. 1896 wurde der olympische Gedanke neu belebt; in diesem Athener Stadion wurden die ersten Olympischen Spiele der Neuzeit abgehalten.

Freizeitvergnügen

Den zahlreichen erhaltenen Kunstwerken verdanken wir unter anderem auch, dass wir wissen, wie die Griechen der Antike ihre Freizeit verbrachten. Da in dieser Gesellschaft ein Großteil der anfallenden Arbeit von Sklaven erledigt wurde, hatten die Freien, und besonders die Wohlhabenden unter ihnen, sehr viel Muße. Freizeitbeschäftigungen waren sehr angesehen. Sport galt nicht nur als gesund, sondern auch als wichtige Übung für Kriegszeiten und gleichzeitig als eine Art, die Götter zu ehren. Musik, Tanz und Theaterbesuche waren neben Brettspielen, Wetten, Pferde- und Wagenrennen weitere beliebte »Hobbys« der Griechen.

Während antike Schauspiele auch heute noch mancherorts aufgeführt werden, werden wir wahrscheinlich nie erfahren, wie die griechische Musik der Antike wirklich geklungen hat. Es gab zwar bereits eine Art Notenschrift, doch man kann nur vermuten, wie diese in klingende Musik umgesetzt wurde.

Speerwerfer
Dieser Speerwerfer (rechts) ist Teil eines Steinreliefs. Die Speere waren lang und leicht und sorgfältig ausbalanciert. Auch diese Sportart war ursprünglich als Waffenübung gedacht und später bei den Zuschauern sehr beliebt.

Kleidung und Mode

Arm und Reich waren gleichermaßen an einem schönen Äußeren interessiert und wandten viel Geld und Zeit dafür auf. Frisuren, Kleider und Schmuck spielten eine große Rolle – auch im Wettstreit der einzelnen Stadtstaaten miteinander, die gerne von sich behaupteten, dass ihre Bewohner eleganter waren als die anderer Städte. Die Kleidung war meist weiß oder in hellen Farben gehalten. Einfache Leute trugen fein gesponnene Wolle, während die Reichen Seide und Baumwolle aus dem Orient bevorzugten. Die antiken Griechen schienen nicht allzu schamhaft gewesen zu sein: Männliche wie weibliche Athleten übten ihren Sport nackt aus und die Kleidung der Frauen war häufig aus leichten, durchscheinenden Stoffen.

Kunstvolle Frisuren
Frauen steckten sich das Haar mit Nadeln und Spangen auf. Männer bevorzugten kurze Lockenfrisuren, wie an dieser Büste (oben) zu sehen.

Antikes Design
Dieser ungewöhnliche Parfumbehälter aus glasiertem, bemaltem Ton stammt wahrscheinlich aus Korinth oder von Rhodos. Beide Regionen stellten originelle Töpferware für den Export her. Die antiken Griechen nahmen ihre Körperpflege sehr ernst. Beide Geschlechter verwendeten Parfums.

Schlichte Eleganz
Skulpturen und Vasenmalereien zeigen uns, was die Menschen in der Antike trugen. Männer- und Frauenkleidung bestand in der Regel aus einfachen Tuniken, die an den Schultern mit Broschen zusammengehalten wurden. Männer wie Frauen trugen als Schutz vor Kälte einen mantelartigen Überwurf, den Himation.

Geschmeide und Modeschmuck

Schmuck war bei der gesamten Bevölkerung beliebt; Schmuck aus Bronze oder Keramik war in den unteren Schichten verbreitet, in den höheren Schichten trug man kunstvoll gearbeitetes Silber und Gold. Edel- und Halbedelsteine verwendete man nicht so oft. Das hier (links) abgebildete Ohrgehänge ist die Kopie eines Stückes, das aus Troja stammt und um 2300 v. Chr. gefertigt wurde. Ohrringe wurden auch von Männern getragen.

Schönheit im Spiegel

In wohlhabenden Familien herrschte eine erstaunliche Lebensqualität; sie besaßen viele Dinge, die wir als typisch für den modernen Alltag ansehen – z. B. Spiegel. Der hier (links) abgebildete wird von einer Statuette der Aphrodite getragen, der Göttin der Liebe und der Schönheit. Die Rückseite des Bronzespiegels war durch kunstvolle Gravuren verziert, während die auf Hochglanz polierte Vorderseite vermutlich ein brauchbares Spiegelbild wiedergab, sodass man überprüfen konnte, ob Frisur und Make-up in Ordnung waren.

Porentief

Sauberkeit und Körperpflege hatten einen hohen Stellenwert inne. Es war üblich, sich regelmäßig zu waschen; dazu suchten die Griechen nicht wie die Römer große öffentliche Badehäuser auf, sondern badeten in Wannen, die sie in ihren Häusern aufgestellt hatten. Um die Haut zu pflegen, rieben sie sich mit Olivenöl ein. Männer und Frauen benutzten Kosmetik. Weil Sonnenbräune als unfein galt, trug man im Freien breitkrempige Hüte oder Mützen. Die gebräuchlichste Fußbekleidung waren Sandalen, wie das Mädchen hier rechts sie gerade anzieht (Ausschnitt aus einer Vasenmalerei).

Kunst und Architektur

Die Kunst und Architektur des antiken Griechenland beeinflussten maßgeblich die europäische Zivilisation. Der architektonische Stil der Griechen stellt eine Weiterentwicklung ägyptischer Baukunst dar. Die hohen Säulen als tragende Elemente weitläufiger, öffentlicher Gebäude inspirieren auch heute noch die modernen Architekten. Steinfriese und Skulpturen schmückten die Bauten, ohne deren klaren Stil zu stören. Aber nicht nur als Bildhauer, auch als Maler leisteten die Künstler der Antike Hervorragendes und verzierten Wände und Töpferwaren mit Szenen aus dem Alltag oder aus der Mythologie.

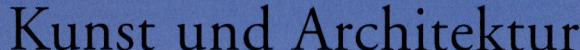

Töpferei

Die antiken Töpferarbeiten geben uns nicht nur wertvolle Hinweise auf das Leben und den Geschmack der Menschen, die sie schufen, sondern sind auch bei der Erforschung der griechischen Geschichte von Nutzen. Sie wurden aus einheimischem Ton hergestellt, auf der Scheibe gedreht und in Öfen gebrannt und können anhand der Dekoration datiert werden. Bis etwa 700 v. Chr. waren geometrische Muster beliebt. Danach kamen orientalische Verzierungen und schwarze Figuren auf, um 500 v. Chr. dann rote Figuren.

Wandgemälde

Zahlreiche Wände waren mit Malereien geschmückt. Links ein Ausschnitt aus einem restaurierten Wandgemälde im Königinnenzimmer des Palasts von Knossos auf Kreta; es stellt Delphine und Fische dar (um 1500 v. Chr.).

Architektonische Stile

Das beherrschende Merkmal der griechischen Baukunst sind die Säulenreihen, die das Gebälk abstützen. Zwischen Säulen und Steinbalken befinden sich die gemeißelten Kapitelle, die je nach Gestaltung einer bestimmten Stilepoche zugeordnet werden: der schlichten dorischen; der ionischen, in der die Kapitelle mit Voluten (»Schnecken«) verziert sind (siehe Foto oben), oder der korinthischen, bei der Blätter und andere Ornamente das Kapitell schmücken.

Die Akropolis

Alle Städte besaßen eine Akropolis; sie war der befestigte Teil der Innenstadt. Das Foto auf dieser Doppelseite zeigt die Akropolis von Athen. Sie wird vom Parthenon beherrscht, der zwischen 447 und 432 v. Chr. erbaut wurde. Parthenon bedeutet »Jungfraugemach«. Der Tempel war der jungfräulichen Göttin Athene geweiht.

Gesundheit und Heilkunst

Die Griechen bewunderten die medizinischen Kenntnisse der Ägypter. Anders als die Ägypter aber, deren Ärzte sich bei der Behandlung einzig auf den erkrankten Körperteil konzentrierten, bemühten sich die griechischen Ärzte, die Bedeutung der einzelnen Glieder und Organe für den Körper als Ganzes zu erkennen und durch ihren Eingriff zur Gesundheit des ganzen Körpers beizutragen. Es war ihnen wichtig, ein gutes Verhältnis zum Kranken herzustellen; ihren Patienten verschrieben sie eine tägliche Dosis Wein. Operationen zur Entfernung erkrankten Gewebes wurden nur durchgeführt, wenn alles andere nicht geholfen hatte. Auch in der Heilkunst spielte die Religion eine große Rolle. Man betete zu den Göttern, besonders zu Äskulap, und brachte Opfer dar. Zum Dank für ihre Heilung boten die Menschen den Göttern Modelle der erkrankten Körperteile dar. Wir wissen nicht, wie hoch die Lebenserwartung war, können aber annehmen, dass vor allem wohlhabende Städter 70 Jahre und älter wurden.

Der Gott der Heilkunst

Äskulap, der Sohn des Apoll, war der Gott der Heilkunst. Krankheiten galten als Strafe der Götter für eine Beleidigung. Dem Äskulap geweihte Tempel waren über ganz Griechenland verbreitet und die Ärzte stellten eine Art Kaste dar und heilten in seinem Namen. In vielen Kulturen der Welt gilt die Schlange als Sinnbild der Lebenskraft, die alle Wesen durchströmt; die Äskulapnatter und der Stab sind auch bei uns das Symbol der Ärzte und Apotheker geblieben.

Fit und gesund

An den Schreinen des Äskulap verschrieben die Priester den Kranken besondere Kräuter oder Diäten. Sport galt als wichtige Vorbeugungsmaßnahme, denn er förderte nicht nur das Wohlbefinden, sondern gefiel auch den Göttern. Jungen übten sich im Sport für den Kriegsdienst; Mädchen wurden nur in Sparta sportlich gefördert.

Der Begründer der modernen Medizin

Hippokrates (460–377 v. Chr.) war ein geachteter Arzt. Auf seiner Heimatinsel Kos lehrte er im Freien unter einer Platane; zu seinem Andenken wächst hier auch heute noch ein Baum dieser Art (links). Hippokrates schrieb 53 Bücher über Medizin, die als »Corpus« bekannt sind. Er sah den Körper als Organismus, dessen Teile nicht isoliert behandelt werden sollten. Die Regeln ärztlicher Ethik, die er aufstellte, werden heute noch beachtet: angehende Ärzte schwören auf ihn einen Eid.

Körperpflege

Den Griechen war bekannt, dass Sauberkeit und Hygiene für die Gesundheit wichtig sind. Während die Römer später in öffentlichen Anstalten kalte und heiße Tauchbäder nahmen, badeten die Griechen zu Hause in eigenen Wannen. Olivenöl diente zur Reinigung und zur Pflege der Haut.

Kanalisation

Bereits sehr früh bauten die Griechen Wasser- und Abwasserleitungen als getrennte Systeme. In den Ruinen der Paläste und antiken Städte Kretas, z. B. in Malia und Knossos, können die etwa 4000 Jahre alten Kanalisationen besichtigt werden. Das Wasser wurde aus großen Reservoires in die Häuser geleitet; die Tonrohre waren in die Wände eingemauert. Unterirdische Kanäle leiteten das Brauchwasser ab.

Liebe und Ehe

Wenn ein Mädchen 12 oder 13 Jahre alt war, suchte der Vater einen älteren Ehemann für sie aus. In der Verlobungszeit schenkte der zukünftige Bräutigam seiner Braut viel Aufmerksamkeit; nach der Eheschließung aber wurde das bald anders. Ehefrauen galten als Besitz ihrer Männer und es wurde erwartet, dass sie ihnen gehorchten. Verheiratete Frauen wurden von ihren Männern eifersüchtig überwacht. In Sparta durften Männer erst mit 20 Jahren heiraten. Sie mussten zumindest so tun, als entführten sie ihre Braut. Um den Mut und den Einfallsreichtum eines Spartaners auf die Probe zu stellen, durfte der Jungvermählte seine Braut eine Zeit lang nur heimlich sehen. Ließ er sich dabei erwischen, wurde er bestraft.

Liebesgöttin

Aphrodite war die griechische Göttin der Liebe und der Schönheit. Sie wird fast immer als schöne junge Frau dargestellt, nackt oder nur halb bekleidet. Am Hochzeitstag brachten die jungen Bräute ihr an ihrem Schrein Opfer dar.

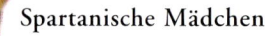

Spartanische Mädchen

Sparta war ein mächtiger Stadtstaat, der mit Athen verfeindet war. In Sparta wurde besonders viel Wert auf körperliche Ertüchtigung gelegt. Nicht nur die jungen Männer, auch die jungen Frauen sollten sich in den athletischen Disziplinen üben – die Frauen nicht, um zu kämpfen, sondern um gesunde Kinder zur Welt zu bringen. Die Mädchen in Sparta wuchsen freier auf als in anderen Stadtstaaten.

Zierde des Heims

Für Männer wie für Frauen lag der Hauptzweck einer Ehe darin, Söhne zu haben, damit die Familie weiter Bestand hatte. Je reicher und angesehener ein Mann war, desto zurückgezogener lebte seine Frau. Sie hielt sich fast ausschließlich in den Frauengemächern auf, sodass ihr Mann zu Hause Gäste bewirten konnte, ohne »befürchten« zu müssen, dass sie seine Frau sahen. So blieb ihr guter Ruf geschützt. Gänge außer Haus wie Einkäufe usw. wurden von Sklaven erledigt.

Unerwiderte Liebe

In den griechischen Sagen geht es immer wieder um unerwiderte Liebe. Das Gemälde hier links stellt die Verfolgung der Nymphe Daphne durch den Sonnengott Apoll dar. Daphne war eine Tochter des Flussgottes Peneios. Apoll begehrte sie, aber sie erwiderte seine Liebe nicht und flehte den Göttervater Zeus um Hilfe an. Zeus erhörte sie und verwandelte sie in einen Lorbeerstrauch. In Erinnerung an seine unglückliche Liebe wurde der Lorbeerstrauch dem Apoll heilig. Bei der Hochzeitsfeier trugen die Bräute häufig Lorbeerkränze im Haar.

Nymphen

Nymphen waren weibliche Naturgottheiten, die Fruchtbarkeit verkörperten. (Von den Nymphen ist der Begriff »Nymphomanie« abgeleitet, der ein übersteigertes sexuelles Interesse bei Frauen bezeichnet.) Skulpturen und Malereien lassen darauf schließen, dass die Griechen der Antike ein unbefangenes Verhältnis zum nackten Körper hatten. Die Stellung der Frau war je nach Staat und Epoche sehr unterschiedlich. In Sparta heirateten die Frauen nicht so früh wie andernorts, auf der Insel Lesbos soll es ihnen erlaubt gewesen sein, bei der Wahl ihres Gatten mitzubestimmen.

Frauen und Kinder

In der antiken griechischen Gesellschaft galten Frauen nicht viel, in den meisten Stadtstaaten besaßen sie nicht einmal Bürgerrechte. Die wenigsten Frauen nahmen leitende Funktionen ein, Vermögen ging in den Besitz des Ehemanns über. Die Frauen der unteren Schichten genossen größere Freiheit als ihre wohlhabenden Geschlechtsgenossinnen, denn sie mussten auch außer Haus arbeiten und konnten so auf dem Markt oder an anderen Orten ihre Freundinnen treffen. Bereits bei den Kindern wurden Unterschiede gemacht: Auch Familien, die es sich leisten konnten, Lehrer zu bezahlen, ließen meist nur die Söhne unterrichten. Die Mädchen dagegen lernten bloß ihre häuslichen Pflichten zu erfüllen und wurden jung verheiratet.

Ende der Kindheit

Mit Vollendung des zwölften Lebensjahres galten Kinder als junge Erwachsene. Die Jungen weihten ihr Spielzeug Apoll, die Mädchen ihre Puppen dessen Zwillingsschwester Artemis, der Jagdgöttin, die auch über gebärende Frauen wachte.

Helena von Troja

Frauen galten als Eigentum ihrer Ehemänner. Als Paris die schöne Helena, die Gattin des Königs von Sparta, nach Troja entführte, sahen die Griechen diese Tat als einen so gewaltigen Frevel an, dass sie sich entgegen ihrer sonstigen Gewohnheiten verbündeten und Troja belagerten. Homer verwendete diese Geschichte als Vorlage für sein Heldengedicht, die Ilias.

Gewalt über Leben und Tod

Der Vater entschied, ob sein neugeborenes Kind leben durfte. Wenn es schwach wirkte oder ein Mädchen war, durfte er es in der Wildnis, an bestimmten öffentlichen Plätzen oder bei Tempeln aussetzen lassen. Einige wurden von kinderlosen Familien adoptiert, andere für die Sklaverei aufgezogen.

Kurze Kindheit

Bereits mit zwölf Jahren war die Kindheit vorbei. Knaben wurden zu Soldaten erzogen, die Mädchen konnten in diesem Alter schon verheiratet werden. Wenn sie bei den Eltern blieben, mussten sie mit zum Lebensunterhalt der Familie beitragen. Puppen, Soldatenfiguren und Brettspiele gehörten unter anderem zum Spielzeug der Kinder. Es wurden viele Kinder geboren, aber nur jedes zweite hatte eine Chance, mindestens 20 Jahre alt zu werden.

Auswendig lernen

Mit sieben Jahren wurden die Söhne wohlhabender Familien einem Lehrer anvertraut, der sie im Lesen, Schreiben, Rechnen, in Poesie und Musik unterwies. Die Kinder mussten das Gelernte immer wieder laut wiederholen. Nur sehr selten besuchten Mädchen irgendeine Form von Unterricht. Schulen für die Kinder der Armen gab es nicht.

Kuroi

Die Statuen von nackten Knaben werden »Kuroi« genannt. Statuen wie diese wurden in Schreinen aufgestellt, die Apoll geweiht waren, dem Gott der Sonne, des Lichts und der Künste. Man nimmt an, dass Kinder auch in religiösen Zeremonien eine Rolle spielten, weil sie Unschuld und Tugend symbolisierten.

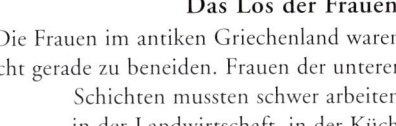

Das Los der Frauen

Die Frauen im antiken Griechenland waren nicht gerade zu beneiden. Frauen der unteren Schichten mussten schwer arbeiten: in der Landwirtschaft, in der Küche und in der Textilverarbeitung. Eine unverheiratete Frau blieb zeit ihres Lebens unter der Vormundschaft ihres Vaters oder Bruders.

Alexander der Große (356–323 v. Chr.)

Mit 20 Jahren wurde Alexander König von Mazedonien. Er wollte ein riesiges Reich gründen und vollbrachte als Erstes, was noch kein Grieche vor ihm vermocht hatte: Er vereinigte die Stadtstaaten zu einem griechischen Staat. Das Reich, das er anschließend eroberte, erstreckte sich von Italien im Westen bis Kaschmir im Osten und Ägypten im Süden. Alexander starb bereits mit 32 Jahren in Babylon. Sein Weltreich zerfiel bald nach seinem Tod.

Festungen

Das Zentrum jeder griechischen Stadt lag meist auf deren höchstem Punkt und war befestigt. Starke Mauern und Tore schützten die Tempel und öffentlichen Gebäude der Akropolis vor feindlichen Angriffen.

Seemacht

Mithilfe ihrer mächtigen Flotte beherrschten die Griechen die Ägäis und verteidigten die zahlreichen griechischen Kolonien, die oft auf Inseln lagen. Ihr schnellstes Schiff war die Triere, bei der die Ruderer auf beiden Seiten in drei Etagen übereinander saßen. Vorne am Bug war eine Ramme mit einer Metallspitze angebracht, mit der feindliche Schiffe versenkt wurden.

Wagen

Die ersten Wagen wurden um 3000 v. Chr. von den Sumerern und Ägyptern gebaut. Sie hatten zwei Räder, wurden von Pferden gezogen und boten jeweils für einen Lenker und einen bewaffneten Krieger Platz. Die Griechen fuhren mit ihnen mitten in die feindlichen Linien hinein und lösten sie so auf.

Der Trojanische Krieg

Die Belagerung Trojas (um 1184 v. Chr.) währte zehn Jahre und konnte schließlich von den Griechen nur durch eine List siegreich beendet werden: In einem hölzernen Pferd, das sie den Trojanern geschenkt hatten und das diese in ihre Stadt zogen, hatten sich griechische Krieger verborgen. Sie kletterten in der Nacht heraus und öffneten ihrem Heer das Stadttor.

Krieg und Waffen

Anders als andere große Zivilisationen war das Griechenland der Antike kein geeinter Staat. Aus geographischen und kulturellen Gründen entwickelten sich auf der Halbinsel zahlreiche unabhängige Stadtstaaten. Sie hatten die gleiche Religion, beinflussten sich gegenseitig kulturell und politisch und standen auch in Handelsbeziehungen zueinander, waren aber die meiste Zeit über miteinander verfeindet und führten gegeneinander Kriege, aus denen sie abwechselnd als Sieger hervorgingen. Mit Ausnahme von Sparta unterhielten die Städte keine stehenden Heere; deshalb wurden im Kriegsfall alle Bürger zu den Waffen gerufen. Bei drei Gelegenheiten vereinten sich die griechischen Städte gegen einen gemeinsamen Feind: im 12. Jh. v. Chr. gegen Troja; im 6. und 5. Jh. v. Chr. gegen die Perser; zuletzt unter der Herrschaft Alexanders des Großen im 4. Jh. v. Chr. Die beiden ersten Kriege führten sie, damit der Feind sie nicht erobert. Das dritte Bündnis wurde von Alexander erzwungen, weil er ein griechisches Reich gründen wollte.

Griechisches Feuer
Diese Vasenmalerei zeigt Odysseus bei seiner Rückkehr aus dem Krieg. Die griechischen Schiffe, Galeeren genannt, waren ziemlich groß und konnten mit Belagerungsmaschinen bestückt werden. Die Katapulte und Ballisten schleuderten Geschosse von bis zu 25 kg Gewicht. Manchmal wurden feindliche Schiffe auch mit einer Mischung aus Naphtha, Schwefel und Salpeter beschossen, dem so genannten »griechischen Feuer«.

Kriegsdienst
Ab dem 20. Lebensjahr übten sich die Bürger aller Stadtstaaten im Kampf und konnten jederzeit für einen Krieg eingezogen werden. Die Fußsoldaten, Hopliten genannt, mussten ihre Ausrüstung selbst bezahlen. Sie bestand aus kurzem Schwert, Speer, Bronzeschild, Brustpanzer und Helm.

Verbrechen und Strafe

Weil es keine zentralisierte griechische Regierung und Verwaltung gab, gab es auch keine zentrale Rechtsprechung und keine Gesetze, die für alle Stadtstaaten galten. Einige Städte waren liberaler als andere und die jeweilige Grundeinstellung schlug sich auch in der Gesetzgebung nieder. Dadurch bestanden z. B. zwischen Lesbos und Sparta auch in dieser Hinsicht große Unterschiede. Aus Athen wurde die herrschende Schicht vertrieben und durch eine demokratische Regierung ersetzt. Obwohl nur bestimmte Bevölkerungsgruppen das Wahlrecht besaßen, konnten alle Bürger bei Versammlungen ihre Meinung vertreten. Nicht alle griechischen Stadtstaaten waren Demokratien und dieses politische System wurde von vielen bekämpft. Der Philosoph Plato forderte, Könige sollten Philosophen sein oder Philosophen Könige. Im 6. Jh. v. Chr. führte der Athener Gesetzgeber Solon für die Bürger das Recht ein, gegen Gerichtsurteile Berufung einlegen zu dürfen. Die Kriminalitätsrate soll in Griechenland niedrig gewesen sein.

Bankrott
Wenn sich ein Bauer infolge von schlechtem Wetter und Missernten zu stark verschuldete (was aufgrund des mageren Bodens häufig geschah), wurde sein Besitz eingezogen und er konnte sogar als Sklave verkauft werden. Der Athener Politiker Solon (um 640–558 v. Chr., Bild oben) verhinderte diese Praxis durch eine neue Gesetzgebung.

Heilige Orte
Die Religion war eng mit allen Bereichen des Lebens verbunden. Tempel wie der Apollotempel in Delphi (links) waren Heiligtümer; ihre Zerstörung wurde als unverzeihlicher Frevel angesehen. Sie bildeten das Herz der Gemeinschaft; der Dienst an und das Leben in der Gemeinschaft stellten den eigentlichen Lebenssinn dar. Deshalb war die Verbannung aus der Gemeinschaft eine Strafe, die für schwere Vergehen verhängt wurde. Noch schwerere Verbrechen, wie Mord oder Korruption, wurden mit dem Tode bestraft.

Tod durch Gift

Der Athener Philosoph Sokrates (470–399 v. Chr.) entwickelte in seiner Lehre die Vorstellung der Selbstverantwortung und der Selbstgewissheit; anstatt nach staatlichen oder religiösen Vorschriften sollte der Mensch aufgrund sittlicher Einsicht handeln. Ihm wurde vorgeworfen, die griechische Götterwelt infrage zu stellen und die Jugend zu verführen. Deshalb wurde Sokrates dazu verurteilt, einen Becher mit einer giftigen Flüssigkeit, die Schierlingssaft enthielt (den »Schierlingsbecher«), auszutrinken.

Scherbengericht

Die Bürger Athens hatten das Recht, einen Politiker, der sich ihrer Ansicht nach unehrenhaft verhalten hatte, für die Dauer von zehn Jahren aus der Stadt zu vertreiben. Dazu schrieben die Bürger den Namen des Betreffenden bei einer besonderen Versammlung auf eine Tonscherbe, den »ostrakon«. Danach wurden die Scherben gezählt. Kamen mehr als 6000 zusammen, wurde der Betroffene verbannt. Vom Wort für Tonscherbe wird der Begriff »Ostrazismus« abgeleitet.

Perikles

Obwohl die Staatsform Athens die Demokratie war, gab es hier auch nach eigenem Ermessen regierende Staatsmänner. Perikles (um 500–429 v. Chr.) bestimmte als gewählter Stratege 14 Jahre lang nicht nur die Außenpolitik Athens, sondern auch die Gestaltung des Stadtbildes. Er führte Krieg gegen Sparta und die Perser und veranlasste den Wiederaufbau der Akropolis.

Verkehr und Wissenschaft

Die griechische Wissenschaft war stark von Ägypten beeinflusst. Zu ihren Disziplinen zählten die Religion, die Philosophie, Mathematik, Astronomie und Astrologie. Auf ihren Lehren und Erkenntnissen bauten die abendländische Kunst und Philosophie der folgenden Jahrhunderte auf und ihr Einfluss hat sich bis in unsere Tage erhalten. Auch einige mathematische Lehrsätze gelten bis heute. Es wurden Atomtheorien entwickelt, lange bevor die Existenz des Atoms nachgewiesen werden konnte. Auch die Astronomen machten bahnbrechende Entdeckungen. Anaxagoras stellte im 5. Jh. v. Chr. fest, dass der Mond kein Licht ausstrahlt, sondern nur das Sonnenlicht reflektiert. 200 Jahre später erkannte Aristarchos, dass die Sonne und nicht die Erde das Zentrum unseres Sonnensystems ist.

Sackgassen

In den meisten griechischen Städten gab es zahlreiche gepflasterte Straßen mit Abwasserkanälen und Bürgersteigen. Einige der ältesten findet man auf Kreta. Oben abgebildet ist die Straße zwischen Lechaion und Korinth. Auf dem griechischen Festland gab es einige wenige Landstraßen, aber kaum solche, die Städte miteinander verbanden, da die Berge für den Straßenbau damals noch fast unüberwindliche Hindernisse darstellten. Die Griechen wanderten und ritten nicht gerne auf Bergpfaden, sondern reisten am liebsten mit dem Schiff.

Seemacht

Da Griechenland kaum über Rohstoffe verfügte, verlegten sich seine Bewohner auf den Handel als wichtigste Einnahmequelle. Viele bedeutende Städte lagen auf Inseln der Ägäis und die Handelsrouten wurden von ihnen bewacht.

Plato

Plato (um 427–347 v. Chr.) war einer der bedeutendsten Philosophen. Er schrieb eine Reihe von Büchern über den Staat und über die Beziehung zwischen dem Menschen und der durch Sinne erfahrbaren und durch das Denken erfassbaren Wirklichkeit. Außerdem zeichnete er auch Lehren seines Vorbilds und Lehrers Sokrates auf, der seine Ideen selbst nie niedergeschrieben hatte, sondern es vorgezog, sie mit seinen Schülern zu diskutieren.

Seetüchtig

Um 1600 v. Chr. verbesserten die Minoer auf Kreta entscheidend die Schiffbautechnik und entwickelten Fahrzeuge, die lange Seereisen möglich machten. Sie wurden mit Rudern und Segeln angetrieben; die Ruderer waren meistens Sklaven. Mit ihrem hohen Bug kamen die Schiffe im Wasser gut voran; am Heck war ein langes Ruder, mit dem gesteuert wurde.

Pythagoras

Ebenso wie Wissenschaft und Religion im Denken der Griechen untrennbar miteinander verbunden waren, so waren es nach ihrem Verständnis auch Kunst und Philosophie. Der auf der Insel Samos geborene Pythagoras (um 580 bis ca. 500 v. Chr.) widmete sein Leben dem Studium der Mathematik. Seiner Theorie zufolge sind alle Elemente des Kosmos durch Zahlen und mathematische Verbindungen bestimmt. Er entwickelte mathematische Lehrsätze, die wir heute immer noch anwenden.

Zeitloses Transportmittel

Dieses Foto aus unseren Tagen zeigt eine Bäuerin mit ihrem Packesel. An der Bedeutung der Esel als Transportmittel im ländlichen Griechenland hat sich über die Jahrhunderte und Jahrtausende wenig geändert. Bergpfade, auf denen Esel und Maultiere besser vorankommen als Karren und Autos, stellen häufig die einzige Verbindung zwischen abgelegenen Bergdörfern dar.

Pan

Pan war ein geringerer Gott.
Der Sohn des Hermes war
halb Mensch, halb Ziegen-
bock und zuständig für
Hirten und Herden.
Er lebte in den Wäl-
dern, wo er jagte,
tanzte und auf seiner
Panflöte spielte.
Außerdem erschreckte
er gerne Wanderer und
versetzte sie in Panik.

König der Götter

Kronos, jüngster Sohn des Uranus, lehnte
sich gegen seinen Vater auf und heiratete seine
Schwester Rhea. Damit seine Kinder ihn nicht
entmachten konnten, fraß er sie
gleich nach ihrer Geburt auf. Als
Zeus geboren wurde, wollte
Rhea ihn retten und gab Kronos
statt des Kindes einen Stein.
Als Erwachsener zog Zeus auf den
Olymp, auf dem die zwölf wichtigsten
Götter leben. Zeus wurde der Götter-
könig. Sein Symbol ist der Blitz.

Göttin Athene

Athene war die Tochter
des Zeus und der Metis
und galt als Göttin der Weis-
heit und des Krieges. Ihr Symbol ist eine
Eule. Sie war außerdem Schutzpatronin der Künste und der Literatur, der Gelehrsamkeit und der
Philosophie sowie der Stadt Athen, die auch nach
ihr benannt ist. Der dortige Parthenontempel ist der
Athene geweiht.

Göttertempel

Jedem griechischen Gott und jeder Göttin waren
eigene Tempel geweiht. Hier wurde zu ihnen gebetet
und es wurden ihnen Opfer dargebracht, mit denen
man sie sich gewogen zu machen hoffte. In jeder Stadt
gab es mehrere aufwändig gestaltete Tempel. Jeder
suchte sie auf, wenn er es für angebracht hielt, anstatt
regelmäßig zu bestimmten Zeiten stattfindende
Zeremonien zu besuchen.

Die Religion

Die Griechen glaubten an eine Vielzahl von Göttern. Die Welt vor ihrer Entstehung stellten sie sich als Chaos vor, aus dem die Erde (Ge oder Gaia) entsprang, die den Himmel (Uranos) und das Meer (Pontus) gebar. Die Götter waren den Menschen ähnlich und lebten auf dem Berg Olymp, von dem sie häufig herabstiegen, um in die Angelegenheiten der Menschen einzugreifen. Eine Moral in unserem Sinne gab diese Religion nicht vor. Um im Leben das zu erhalten, was man sich wünschte, genügte es, die Götter gnädig zu stimmen. Wurden sie beleidigt, dann straften die Götter die Menschen, aber sie erwarteten von ihnen nicht, dass sie in unserem Sinne »gut« waren.

Der Sturz des Ikarus
Dädalus war ein legendärer Baumeister. Nachdem er seinen Neffen Talos aus Eifersucht ermordet hatte, floh er mit seinem Sohn Ikarus nach Kreta. Später wurden die beiden von König Minos in das Labyrinth gesperrt, aus dem sie mithilfe von Flügeln aus Federn und Wachs flohen. Ikarus kam im Flug der Sonne zu nahe, sodass das Wachs schmolz und er ins Meer stürzte und ertrank.

Sohn des Zeus
Herakles, der berühmteste aller Helden der griechischen Sagen, war der Sohn des Zeus und einer Sterblichen, der Alkmene. Dank seiner Intelligenz und seiner Kraft vermochte er, zwölf berühmte Arbeiten, die ihm zur Sühne für begangene Straftaten auferlegt wurden, zu erledigen. Nach seinem Tod wurde er von einer Wolke zum Olymp emporgetragen.

Göttin der Liebe
Auf dem hier abgebildeten Relief ist Aphrodite dargestellt, die Göttin der Liebe, des Begehrens und der Schönheit. Nach der Legende wurde sie durch einen Tropfen von Uranus' Blut, der vom Himmel fiel, aus dem Meer geboren. Sie besaß einen zauberkräftigen Gürtel, der jeden Sterblichen, der ihn trug, schön und begehrenswert erscheinen ließ.

Das Erbe der Antike

Die griechische Zivilisation war nicht die erste große Zivilisation der Welt: Die Kulturen der Sumerer, Inder und Ägypter waren lange Zeit vor der Gründung der ersten griechischen Stadtstaaten erblüht und teilweise wieder untergegangen. Die griechische Kultur beherrschte die Region rings um die Ägäis, das griechische Festland, Küstenstreifen der Türkei sowie die größeren Inseln des östlichen Mittelmeers. Die Bürger und Regierenden der Stadtstaaten waren mehr an ihrer Unabhängigkeit interessiert als an der Bildung von Bündnissen; hätten sie sich aber zusammengeschlossen, dann hätte ihre Zivilisation wahrscheinlich einen noch wesentlich stärkeren Einfluss auf das Mittelmeergebiet gehabt.

Sie erreichte im 5. Jh. v. Chr. ihren Höhepunkt und hat uns ein wahrhaftig reiches Erbe hinterlassen, das Kunst und Architektur, Wissenschaft, Sport, Medizin, Philosophie und Politik bis auf den heutigen Tag prägt.

Die Renaissance

Europäische Architekten des 15. Jh. brachen mit den ästhetischen Vorstellungen und Bauweisen des Mittelalters und orientierten sich an der Eleganz der Antike. Diese Epoche wird »Renaissance« genannt, das heißt »Wiedergeburt«.

Die Olympischen Spiele

Die sportlichen Ideale, die von den Griechen bei ihren athletischen Wettkämpfen und besonders bei den Olympischen Spielen entwickelt wurden, leben bis heute fort. Auf sie geht die Einstellung zurück, dass es wichtiger ist teilzunehmen als zu siegen.

Demokratie

Alle Regierungen der westlichen Welt gründen heute auf dem Prinzip der Demokratie. Der Begriff ist aus den griechischen Wörtern »demos«, Volk, und »kratos«, Herrschaft, zusammengesetzt. Die Anfänge der griechischen Demokratie liegen im Athen des 5. Jh. v. Chr., als eine Regierung aus gewählten Vertretern an die Stelle der Monarchie trat. Allerdings besaß damals nur ein Teil der Bevölkerung das Wahlrecht: die freien Männer. Frauen und Sklaven wurden nicht als Bürger angesehen.

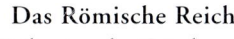

Das Römische Reich

Die Römer bewunderten die Zivilisation der Griechen und gestalteten ihre eigene Kultur nach deren Vorbild. Besonders die schlichte Eleganz der griechischen Architektur hatte es ihnen angetan, wie es an den römischen Ruinen (rechts das Kolosseum in Rom) deutlich zu sehen ist.

Kostbare Fundstücke

Die Städte und Tempel der Vergangenheit wurden gerne als Steinbrüche genutzt, aus denen sich jeder kostenloses Baumaterial holen konnte. Im 18., besonders aber im 19. Jh. erwachte das Interesse an der griechischen Antike neu und viele Stätten wurden ausgegraben. Statuen und Gebäudeteile wurden in Museen der ganzen Welt gebracht. Der britische Botschafter Lord Elgin nahm z. B. mehrere Skulpturen aus dem Athener Parthenon mit nach England. Sie können heute noch im Britischen Museum besichtigt werden.

Theaterbesuche

Dieser antike Zeitvertreib ist bis ins 21. Jh. hinein eine beliebte Form der Unterhaltung und unsere Theater erinnern immer noch an die Amphitheater: Die Ränge mit den Sitzen der Zuschauer sind stufenartig im Halbkreis angeordnet.

Geschenk der Antike

Das wohl wichtigste Erbe ist die Fülle von Werken und Bauten, die für die Kunstschaffenden bis heute eine wichtige Quelle der Inspiration geblieben sind. Leider kennen wir nur einen Bruchteil dieses Vermächtnisses, da viel davon verloren gegangen ist. Trotzdem können wir uns glücklich schätzen, dass so viel erhalten blieb und wir uns so von der frühesten europäischen Zivilisation ein Bild machen können.

Schon gewusst ...?

... dass die Griechen die Numerologie erfanden?

Die griechischen Mathematiker glaubten, dass Zahlen die Schlüssel zu den Rätseln des Universums seien. Auf dieser Grundlage entwickelten sie die Numerologie, die auch heute noch Anhänger hat. Jedem Buchstaben des Alphabets wird eine Zahl zugeordnet. Auf der Grundlage eines bestimmten Vereinfachungssystems wird jedes Wort oder jeder Name auf eine Zahl zurückgeführt, der eine besondere Bedeutung zugesprochen wird – ähnlich wie bei den Tierkreiszeichen.

... dass das Wort »platonisch« vom Philosophen Plato abgeleitet ist?

Plato glaubte, dass es Männern und Frauen möglich sei, füreinander rein freundschaftliche, nicht sexuell beeinflusste Gefühle zu haben. Grundlage solcher Freundschaften seien Ideen und philosophische Diskussionen.

... dass die Griechen ein Verfahren entwickelten, um die Entfernung eines Sterns von der Erde zu messen?

Diese einfache, aber sehr präzise Methode wird heute noch verwendet. Sie heißt Parallaxen-Methode; man misst die Position eines Sterns und wiederholt die Messung ein halbes Jahr später. Dann steht die Erde auf der anderen Seite der Sonne. Aus dem Erdbahndurchmesser und den gemessenen Winkeln lässt sich mit einfacher Geometrie die Entfernung berechnen.

... dass Theaterbesuche von Ärzten verschrieben wurden?

In der griechischen Stadt Epidauros gab es einen bedeutenden Schrein des Äskulap, des Gottes der Heilkunst. In der Nähe befanden sich Spitäler und ein großes Amphitheater, in dem unter der Regie der Äskulap-Priester religiöse Dramen aufgeführt wurden. Der Besuch dieser Stücke galt als heilsam und Kranke reisten dafür von weither an.

... dass die Griechen mithilfe von Sonnenenergie römische Schiffe versenkten?

Der griechische Mathematiker und Erfinder Archimedes ersann um 212 v.Chr., als die römische Flotte den Hafen seiner Heimatstadt Syrakus angriff, ein neues Mittel der Verteidigung: riesige Spiegel. Er wies die Soldaten an, ihre Bronzeschilde auf Hochglanz zu polieren und sich so auf dem Kai aufzustellen, dass ihre Schilde die Wirkung eines Parabolspiegels erzielten und gebündelte Sonnenstrahlen auf die feindlichen Schiffe lenkten. Die römischen Schiffe gerieten in Brand: Der Feind war besiegt.

Die deutsche Bibliothek - CIP Einheitsaufnahme

Die Griechen / von John Guy. [Aus dem Engl. von Cornelia Panzacchi.
Red.: Bettina Gratzki; Magda-Lia Bloos]. - München; Ars-Ed., 2001
(Wissen der Welt) Einheitssacht.: Greek Life <dt.> ISBN 3-7607-4692-6

© 2000 für die deutsche Ausgabe: arsEdition, München
Aus dem Englischen von Cornelia Panzacchi
Redaktion: Bettina Gratzki, Magda-Lia Bloos
Umschlaggestaltung der deutschen Ausgabe: Eva Schindler
First Published in Great Britain by ticktock Publishing Ltd.
Titel der Originalausgabe: »Greek Life« · 1998 ticktock Publishing Ltd.
Alle Rechte vorbehalten · Printed in Hong Kong
ISBN 3-7607-4692-6

Danksagung: Der Verlag bedankt sich bei Graham Rich und Elizabeth Wiggans für ihre Mithilfe.

Bildnachweis: o = oben, u = unten, M = Mitte, l = links; r = rechts, Uv = Umschlag vorne, Uh = Umschlag hinten

AKG (London): 3Mu, 4ul & Uh, 5ur, 6/7Mu, 7r, 7ol, 8/9M, 9or, 10/11M, 12ul, 13ur, 13o, 12/13Mo, 17ul, 18ul, 18/19M, 18ol, 19or, 22/23M & Uv, 22ul, 22ur, 24ul, 25r, 26u, 26ol, 27ol, 28or, 28ul. CFCL/Image Select: 2ol, 27ur, 30ul, 30ol. Giraudon: 2u, 4ol, 4or, 5or, 10ol, 11r, 12/13Mu, 14ol, 14/15Mo & Uh, 16r, 21ur, 21or, 20/21Mu, 29ur. Image Select: 0, 4/5M, 10ul & 32Mo & Uh, 10M, 10/11Mu, 20/21Mo, 20l, 21M, 22or & Uv, 23or & Uv, 28/29Mu, 29ur, 30or, 31ur, 31or. Pix: Uv (zentrales Bild), 2/3M, 3M, 6ol, 6ul, 6r, 6/7Mu, 7r, 8o, 9ur, 14/15 (zentrales Bild), 15or & Uh, 17ur. Ann Ronan @ Image Select: 8M, 12ol, 16ol, 17or, 17ol, 19ur, 21Ml, 22ol, 23ur & Uv, 24ol, 24/25M, 25or, 27M, 27or, 28ol, 29or. Spectrum Colour Library: 30/31M, 31ul. Telegraph Colour Library UK: 8ul.

Der Verlag hat sich bemüht, alle Rechteinhaber zu ermitteln. Sollte dies in Einzelfällen bedauerlicherweise nicht gelungen sein, wird die fehlende Angabe in der nächsten Auflage ergänzt.

Register